はじめてでも、かんたん！
おいしい
チョコスイーツ

プレゼント＆おやつの手づくりレシピ

Chocolates & Sweets Gift

矢作千春

Contents

お菓子作りの基本ルール　5
基本の材料　6
基本の道具　8
失敗しないための基本のテクニック　10

Part 1 人気&定番

生チョコカップ　14
かんたんトリュフ　16
ハートのプチサンドチョコ　18
スノーボール　20
マシュマロチョコ　22
シリアルチョコバー　23

Part 2 大好きクッキー

ハート型クッキー　24
ドロップクッキー　26
アイスボックスクッキー　28

Part 3 かんたん焼き菓子

ブラウニー　30
マーブルチーズケーキ　32
チョコラスク　34
チョコバナナケーキ　35
ホワイトチョコマフィン　36
ハートのプチショコラケーキ　38
チョコのミニマドレーヌ　40

Part 4 冷やすだけスイーツ

ショコラギモーブ　42
ベリーのチョコレートバー　44

Part 5 大人のスペシャリテ

ビターショコラケーキ　46
いちごとチョコのケーキ　48
フランボワーズのチョコタルト　50

Part 6 ヨーロッパの伝統菓子

バーチディダーマ　52
ラングドシャ　54
オートミールクッキー　56
ショートブレッド　57

かわいいラッピングのアイデア＆コツ　58
ラッピングのためのグッズ　61
プレゼントスケジュール　62

この本の使い方

＊材料は作りやすい分量になっています。
＊大さじ1は15㎖、小さじ1は5㎖です。
＊常温の目安は18℃です。
＊オーブンの温度と焼き時間は、機種などによって多少差がでます。レシピの表記を目安にして、様子を見ながら加減してください。
＊焼き菓子の焼き上がりの目安は、竹串をさして生地がついてこない状態です。
＊調理時間は、下準備から完成までの目安です（生地を休ませたり、冷やし固めたりする時間も含みます）。
＊日持ちの目安は、季節による常温や湿度などで変わります。保存は密閉容器に入れるのが基本です。
＊難易度の目安
　★やさしい　　★★ふつう　　★★★ちょっと難しめ

友チョコ、恋チョコ、家族チョコ♪

はじめてでも、おいしく作れる!

甘いなかに独特の香りとコクがある
チョコレートは、みんなが大好きなお菓子。
手作りしたものを、かわいくラッピングして
プレゼントすると、大切な人に、
日頃の感謝の思いや深～い愛情を伝えられます。

お菓子作りの基本ルール

上手に作る基本ルールは次の3つのポイント。
とくに、お菓子を初めて作る人は、
このルールをおさえてから、調理にかかりましょう。

1 材料をそろえ、きちんとはかる

お菓子作りは、スムーズな段取りが大切。作りながら材料を計ったりするのは、失敗のもとです。材料をそろえ、レシピの分量になるよう、きちんと計量しておきます。粉類はふるい、バターは室温にもどすなど、下準備もすませておきましょう。

2 道具をそろえておこう

ボウルや泡立て器などの道具も、必要なものを台の上にそろえておきましょう。焼き菓子では、型の準備も終えておきます。

3 レシピの手順を頭に入れておく

作り始めてから、レシピを初めて読むと、必ず失敗します。あらかじめ、材料・道具&下準備・作り方をよく読み、手順の流れをしっかり頭に入れて、作り始めます。

基本の材料

この本のレシピで使用している、おもな材料を紹介します。

🔸 チョコレート

チョコレートの原料はカカオの実です。それを焙煎・粉砕したカカオマスがチョコレートやココアのもとになります。カカオマス自体には甘みがなく、砂糖・乳成分などを加えてチョコレートを作ります。

この本のレシピは、製菓用チョコではなく、どこでも手に入る一般的な板チョコレートを使用しています。そのため、初心者の方も、かんたんに作れます。

ビターチョコレート

カカオマスの割合が40～60％のチョコレート。乳成分はゼロか、入っていても少量なので、苦みが強め。「ブラックチョコレート」とも呼ばれます。

ミルクチョコレート

カカオマスに乳成分、砂糖などを加えたチョコレート。幅広い人に好まれる味わいです。

ホワイトチョコレート

カカオマスを搾ると出てくる脂肪分「ココアバター」を主原料として、乳成分、砂糖などを加えて作ります。

ココアパウダー

カカオマスから一定の脂肪分を搾った固形物を粉末状にしたもの。手作りトリュフなどに使います。

粉類

薄力粉

クッキーや焼き菓子のベースになる小麦粉。粒子が細かく、ねばり気が少ないので、ソフトな口あたりのお菓子を作れます。

ベーキングパウダー

焼き菓子などに使う、重曹を主成分とする膨張剤（ふくらし粉）。加熱によって炭酸ガスが発生し、生地がふくらみます。

アーモンドプードル

アーモンドを粉末にしたもの。お菓子の生地に加えると、風味が増します。「アーモンドパウダー」とも呼ばれます。

砂糖

グラニュー糖

純度が高く、サラサラしており、すっきりした甘みが特徴。ダマになりにくく、洋菓子作りの基本の砂糖になります。

粉糖 ふんとう

グラニュー糖を細かく砕いたもので、「パウダーシュガー」とも呼ばれます。デコレーションなどに用います。

卵

お菓子作りでは、Lサイズの卵が基本。からつきで1個60～65gくらいが目安です。

無塩バター

お菓子作りでは、塩分が含まれていない無塩バターを使うのが基本。マーガリンで代用すると、風味や食感が落ちるので、バターをおすすめします。

生クリーム

牛乳を遠心分離して、乳脂肪分を高めたクリーム。この本では、濃度35%のものを用いています。

具材・デコレーション

ドライフルーツ、アラザン、スプレーチョコなど。ドライフルーツはぶどう、あんず、いちじくなどがミックスになったものが便利です。

基本の材料

基本の道具

プロ用の特別な道具はいりません。キッチンにある道具で作れます。

クッキングスケール

粉類、砂糖、バターなどの計量に使います。1g単位で計れるデジタルタイプがおすすめです。

計量スプーン

大さじ1(15㎖)と小さじ1(5㎖)をよく使います。少量の粉類・砂糖・液体の計量に用います。

計量カップ

水や牛乳などの液体を計ります。目盛りが読みやすい、透明の耐熱ガラス製が適しています。

泡立て器

材料の混ぜ合わせなどや生クリームの泡立てなどに使います。ステンレス製でワイヤ部分がしっかりしているものが使いやすいです。

ゴムべら

耐熱性のシリコン製が便利です。ボウルのなかの材料をひとつにまとめたり、きれいに取り出すときに使います。

クッキングシート

オーブンの天板や型に敷き、生地のくっつきを防ぐのに用います。「オーブンペーパー」などの呼び名もあります。

ボウル

材料を混ぜたり、泡立てたり、湯せんにかけたりするのに使います。生地作りにはステンレス製がよく、バターの温めなどには耐熱ガラス製も便利です。

万能こし器

粉類をふるったり、液体をこすときなどに使います。ステンレス製の目の細かいものが基本になります。

型

紙やシリコン製の型、ハートの抜き型など、スーパーなどで手に入るリーズナブルなものでOK。シリコン型は何度でも使えます。

材料の正しい計り方

材料を正確に計ることは、失敗しない大きなポイント。お菓子作りの第一歩です。

重さを計る

重量(g)は、クッキングスケールを水平なところに置いて計ります。傾斜があると、誤差が生じるので注意しましょう。粉類などの計量は、最初にからのボウルを置き、目盛りをゼロに合わせてから計ると便利です。

計量スプーンで計る

大さじ1・小さじ1の計量

粉類は多めに盛って入れ、へらで水平にすり切って、表面を平らにします。液体は表面張力で盛り上がっている状態が正しい分量です。

1/2量の計量

粉類は右上の写真のように表面を平らにし、スプーンの真ん中ラインにへらをあて、半分をはらいます。液体は、丸形スプーンの場合、深さの2/3くらいのラインまで注ぎます。

容量を計る

一定量以上の液体の容量(mℓ)は、計量カップで計ります。水平なところに置き、真横から見て目盛りを読みます。真横からでないと、誤差が生じるので注意しましょう。

失敗しないための 基本のテクニック

お菓子作りのポイントをおさえておくと、おいしくできあがります。

粉はふるってから使う

　小麦粉、アーモンドプードルなどの粉類は、万能こし器などでふるってから使います。ダマがなくなり、粒子の間にすき間ができるので、粉がほぐれやすく、ソフトな生地を作れます。

バターの扱い方

溶かしバターを湯せんで作る

　フライパンなどに沸騰したお湯をはり、バターを入れた容器を置いて、液体状になるまで溶かします。電子レンジで溶かすのに比べて、熱がやわらかく伝わるため、焦げつきを防げます。

バターをやわらかくする

1 バターを薄く切り、ボウルにはりつけるように並べ、室温にしばらく置いておきます。こうしておくと、スムーズにやわらかくできます。

2 かたい部分をなくすよう、ゴムべらでよく練ります。均一にやわらかくなり、なめらかな状態になったら、できあがりです。

バターをクリーム状にする

　お菓子のレシピによっては、バターをクリーム状にします。やわらかくしたバターを泡立て器で強くかき混ぜ、持ち上げたときに、やわらかい角が立つ状態にします。砂糖を加えてクリーム状にする場合は、全体が白っぽくなり、やわらかい角が立つまで、かき混ぜます。

混ぜ方&泡立て方

もったりするまで混ぜる

溶きほぐした卵に砂糖を合わせるときの、泡立て方の目安です。ハンドミキサーなどで強く混ぜ、生地をすくい上げたとき、リボン状になってゆっくりと落ち、生地の表面に跡がしばらく残るくらいの状態にします。焼き菓子を失敗なく作るポイントのひとつです。

さっくり混ぜる

生地に粉類を合わせるときの混ぜ方です。へらや泡立て器を使って、練らないように、混ぜ合わせていきます。ボウルの底からすくい上げるように合わせていくと、うまく混ざります。

すり混ぜる

やわらかくしたバターや溶きほぐした卵に、砂糖などを合わせるときの混ぜ方です。泡立て器などで、ボウルの底をこするようにして、材料をすり込むように混ぜ合わせます。

ホイップクリームを作る

ケーキなどにはさむホイップクリームは、生クリームにグラニュー糖などを加え、泡立て器で八分立てにします。泡立て器ですくうと、先端にやわらかい角が立つくらいの状態です。

上手に泡立てるコツは、冷やしながら行うこと。生クリームを入れるボウルはあらかじめ冷蔵庫で冷やしておき、泡立てる際は、氷を入れたひとまわり大きいボウルを用意し、ボウルの底を冷やしながら泡立て器で混ぜます。

チョコレートの溶かし方

チョコスイーツ作りの基本になるのが、チョコレートを溶かして液体状にすること。板チョコは扱いやすいので、初めての人もかんたんです。細かく刻んだチョコレートを、湯温55〜60℃の湯せんで、ゆっくりと溶かします。高温の湯せんだと、風味が落ちるので注意しましょう。

1 チョコレートを細かく刻む

板チョコレートは、平らな裏面のほうを上にして、まな板に置く。2〜4mm幅くらいで斜めに包丁で刻む。片方の手を包丁の先に添えて、両手で力をかけるようにすると刻みやすい。

ひととおり斜めに刻んだら、それに垂直に斜めに包丁を入れていき、できるだけ細かい状態に刻む。

2 湯せんにかけて溶かす

ボウルに1の刻んだチョコレートを入れ、湯せんにかける。

湯せんには、深めのフライパンや鍋を用い、55〜60℃くらいの湯（湯温は温度計で計る）を用意して火を止め、チョコレートを入れたボウルを入れる。ボウルの底から伝わる熱で少しずつ溶けてくるので、その間は動かさずに待つ。

2/3くらい溶けてきたら、湯せんからはずし、ゴムべらなどで混ぜる。写真のように、なめらかな状態になったら、できあがり。

溶かしたチョコに生クリームを加える

レシピによっては、溶かしたチョコレートに生クリームを加える手順が加わります。生クリームの上手な温め方と合わせ方を知っておきましょう。

1 生クリームを温める

小鍋に生クリームを入れ、弱火でゆっくり加熱する。小さな泡がふわっと立ち始め、沸騰直前の状態で火からおろす。

2 チョコレートに混ぜる

チョコレートに1を加える。全体が溶けてなじんできたら、ゴムべらなどで静かに混ぜる。なめらかな状態になり、ツヤが出たら、できあがり。

チョコレートの保存法

チョコスイーツの主材料であるチョコレートは、温度変化に弱い食材です。高温になると溶けてしまい、低温と高温の変化が続くと、表面が白くなるなど劣化して、風味が落ちます。

チョコレートの保存に理想的な室温は、18～22℃くらい。28℃以上になると溶けやすいので、ビニール袋などに入れて密封し、冷蔵庫で保存します。

手作りチョコスイーツも、冬季は直射日光のあたらない涼しい場所で、密閉容器に入れて保存し、夏季は冷蔵庫で保存します。生チョコカップなど冷やし固めて作ったチョコスイーツをプレゼントする際は、保冷剤を添えましょう。

調理時間	約2時間
日持ちの目安	冷蔵庫で3〜4日
難易度	★☆☆ やさしい

材料（30個分）

- 板チョコレート（ミルク） …… 150g
- 無塩バター …… 25g
- 生クリーム（35%） …… 80㎖
- はちみつ …… 小さじ1
- アラザン、スプレーチョコなど（飾り用）… 適量

道具＆下準備

・基本の道具＋銀カップ
・チョコレートは細かく刻む ⇒ P.12

作り方

1 ボウルにチョコレート、バターを入れ、湯せんにかける（P.12）。

2 小鍋に生クリーム、はちみつを入れて弱火にかけ、ゆっくりと沸騰直前まで温める（P.13）。

3 1に2を加え、全体が溶けてきたら静かに混ぜ、なめらかになるまで溶かす。

4 銀カップに流し入れ、台の上で軽く落とし a 、空気を抜いて表面をならす。

5 表面が完全に固まる前に、ピンセットなどを使って、アラザンやスプレーチョコなどで好みにデコレーションする b 。冷蔵庫で冷やし固める（目安時間約1時間）。

ラッピングのポイント

手持ちの小箱にレースペーパーを敷き、生チョコカップを入れて、箱にリボンを飾ります。好みの個数が入る箱をいくつかそろえておくと重宝します。

かんたんトリュフ

ハートをつかむ魔法の味わい。
バレンタインにがんばって作りたい！

調理時間	約2時間
日持ちの目安	冷蔵庫で3〜4日
難易度	★☆☆ やさしい

材料（12個分）

板チョコレート（ミルク）	100g
生クリーム（35%）	50mℓ
ココアパウダー	適量
粉糖	適量

道具＆下準備

・基本の道具＋バット
・チョコレートは細かく刻む。⇒ P.12
・バットにクッキングシートを敷く。

作り方

1 小鍋に生クリームを入れて弱火にかけ、ゆっくりと沸騰直前まで温める（P.13）。

2 ボウルに刻んだチョコレートを入れ、**1**を加える。全体が溶けてきたら静かに混ぜて溶かす。

3 クッキングシートを敷き込んだバットに流し入れ、冷蔵庫で冷やし固める（目安時間約1時間）。

4 **3**が固まったら、12等分し、手で丸める **a**。6個ずつ、ココアパウダー、粉糖にまぶす。大きめのボウルにココアパウダー、粉糖をそれぞれ用意し、そこに丸めたトリュフを入れてボウルを左右に揺すると **b**、均一に粉をまぶしやすい。

> **ラッピングのポイント**
>
> 形をきれいに保つため、1個ずつグラシン紙のカップに入れ、手持ちの小箱に入れます。伝えたい言葉のスタンプを押したレースペーパーを、箱のフタに添えると、手作り感とかわいさがアップします。

ハートのプチサンドチョコ

ローズとホワイトのロマンチックスイーツ。
なかに隠れた具材の食感も絶妙です

調理時間	約2時間
日持ちの目安	冷蔵庫で3〜4日
難易度	★☆☆ やさしい

材料（24個分）
板チョコレート（ミルク）……………… 100g
生クリーム（35%）………………… 50mℓ
板チョコレート（ホワイト）……………… 40g
板チョコレート（ストロベリー）…………… 30g
ドライフルーツ、バナナチップ、シリアルなど … 各適量

道具＆下準備
・基本の道具＋ハートのシリコン型（1個の直径約2cm）
・チョコレートはそれぞれ細かく刻む。⇒ P.12
・ドライフルーツ、バナナチップは5mm角に切っておく。

作り方

1 ボウルに刻んだミルクチョコレートを入れ、小鍋で沸騰直前まで温めた生クリームを加え、なめらかになるまで溶かす(P.13)。

2 ホワイトチョコレート、ストロベリーチョコレートは、それぞれ湯せんにかけて溶かす(P.12)。

3 シリコン型に2のホワイトチョコレート、ストロベリーチョコレートを各々12個ずつ、小さじ1杯分ほど入れる。ドライフルーツ、バナナチップ、シリアルをのせ a 、上から1を型いっぱいまで入れる b 。

4 冷蔵庫で冷やし固め（目安時間約1時間）、型から抜く。

> **ラッピングのポイント**
> 柄がかわいいワックスペーパーで1個ずつ包み、リボンを結びます。包みを開けると、形も色もかわいいチョコスイーツが顔を出すので、サプライズ効果も！

スノーボール

口に含むと、さくっ、ほろっと、とろける！
焼き菓子が初めての人も、らくらく作れます

調理時間	約1時間
日持ちの目安	常温で5〜6日
難易度	★★☆ ふつう

材料（30個分）

無塩バター		85g
粉糖		30g
A	薄力粉	80g
	アーモンドプードル	50g
B	ココアパウダー	10g
	粉糖	10g
粉糖		15g

道具＆下準備

・基本の道具
・バターはやわらかくする。⇒ P.10
・天板にクッキングシートを敷く。
・生地を用意する途中で、オーブンを150℃に予熱する。

作り方

1 Aを合わせてふるう。

2 やわらかくしたバターに粉糖（30g）を加え、泡立て器で白っぽくなるまですり混ぜる a 。1を加え、ゴムべらでさっくりと混ぜる。

3 2の生地を30等分にして丸め、クッキングシートを敷いた天板にのせ b 、150℃に熱したオーブンで15〜18分焼く。

4 粗熱を取り、15個ずつ、合わせたB（ココア味）、粉糖（シュガー味）にまぶす。

ラッピングのポイント

やわらかいので、プラスチックカップなどしっかりした容器に入れましょう。OPP袋（透明のポリプロピレンの袋）に入れ、ワイヤーの花飾りなどで仕上げます。

マシュマロチョコ

マシュマロとナッツの新食感スイーツ

調理時間	約1時間30分
日持ちの目安	冷蔵庫で4～5日
難易度	★☆☆ やさしい

材料（約20個分）

板チョコレート（ミルク）	120g
無塩バター	25g
生クリーム（35%）	30ml
マシュマロ	60g
甘栗	60g（正味）
ピスタチオ	30g
粉糖	適量

道具＆下準備

- 基本の道具＋バット
- チョコレートは細かく刻む。⇒ P.12
- マシュマロ、甘栗、ピスタチオはそれぞれ1cm角に切る。
- バットにクッキングシートを敷く。

作り方

1 ボウルに刻んだチョコレート、バター、生クリームを入れ、湯せんで溶かす（湯せんの仕方はP.10と同様）。

2 1に、1cm角に切ったマシュマロ、甘栗、ピスタチオを加え、ゴムべらで軽く混ぜる。

3 バットに敷いたクッキングシートの上に、2をスプーンで約20個に分けて、山のような形にこんもりとのせる。好みでハートチョコ（分量外）などを飾り、冷蔵庫で冷やし固める（目安時間約30分）。固まったら、茶こしで粉糖をふる。

＊保存にはアルミカップなどを用います。

シリアルチョコバー

おやつ&友チョコにまとめて作りたい!

調理時間	約1時間30分
日持ちの目安	冷蔵庫で4~5日
難易度	★☆☆ やさしい

材料（12×16cmのバット1枚分）

マシュマロ	100g
無塩バター	20g
グラノーラ（ドライフルーツ入り）	70g
板チョコレート（ミルク）	20g

道具&下準備

- 基本の道具＋バット
- チョコレートは細かく刻む。⇒ P.12
- バットにクッキングシートを敷く。

作り方

1 耐熱ボウルにマシュマロ、バターを入れ、ラップをかけずに電子レンジで600W 1分30秒（500W 1分50秒）加熱する。

2 1をよく混ぜ、マシュマロを溶かす。グラノーラ、チョコレートを加え、ゴムべらで軽く混ぜる。

3 クッキングシートを敷いたバットに入れ、上からしっかり押して表面を平らにならし、冷蔵庫で冷やし固める（目安時間約1時間）。固まったら、好みの太さの棒状にカットする（約1.5cm幅で10本分）。

＊細長くカットしたワックスペーパーで包み、両端をくるっとひねると、1本ずつかわいくラッピングできます。

人気&定番

Part 2 大好きクッキー
ハート型クッキー

バレンタインの恋チョコ、友チョコに！
大小のハートや粉雪のようなデコレもキュート

調理時間	約1時間30分
日持ちの目安	常温で6～8日
難易度	★★☆ ふつう

材料（大小合わせて20数枚分）

- 無塩バター ……………… 100g
- グラニュー糖 ……………… 90g
- 卵（L） ……………… 1個
- A
  - 薄力粉 ……………… 230g
  - ココアパウダー ……… 20g
  - ベーキングパウダー …… 小さじ1/4
- 板チョコレート（ホワイト）、ココナッツファイン ……… 各適量
- 薄力粉（打ち粉） ……… 適量

道具＆下準備

- 基本の道具＋ハートの抜き型
- Aの粉類は合わせてふるう。
- バターはクリーム状にする。⇒ P.10
- 卵は室温にもどし、溶きほぐす。
- 天板にクッキングシートを敷く。
- 生地を用意する途中で、オーブンを170℃に予熱する。
- 板チョコレートは細かく刻み、湯せんで溶かす。⇒ P.12

作り方

1 クリーム状にしたバターが入ったボウルに、グラニュー糖を加え、泡立て器でよくすり混ぜる。溶いた卵を2～3回に分けて少しずつ加え、そのつどよく混ぜる。

2 ふるった粉類を加え、ゴムべらに持ち替えてさっくりと混ぜ、ひとかたまりにする。あとで生地が伸ばしやすいように、これを3等分にしてそれぞれラップで包み a 、冷蔵庫で30分ほど休ませる。

3 薄く打ち粉をふった台に **2** を置き、厚さ4mmに伸ばし、ハート型で抜く b （3等分したひとかたまりずつ作業する）。

4 クッキングシートを敷いた天板に並べ、170℃のオーブンで15分ほど焼く。

5 冷めたら、溶かしたチョコレート、ココナッツファインで好みにデコレーションする。

> **ラッピングのポイント**
> クッキーが割れないように、切った画用紙をシートにしてOPP袋に入れます。メッセージスタンプを添えたミニカードと一緒に、ミニクリップで止めます。

ドロップクッキー

バターの風味とチョコ味の具材がベストマッチ。
型で抜かなくていいので、初心者にもかんたん

調理時間	約1時間20分
日持ちの目安	常温で6〜8日
難易度	★☆☆ やさしい

材料（2種類×20個分）

無塩バター	100g	マーブルチョコ	20個
グラニュー糖	60g	チョコフレーク	40g
卵（L）	1個		
A［薄力粉	200g		
ベーキングパウダー	小さじ1/2		

道具＆下準備

・基本の道具
・Aの粉類は合わせてふるう。
・バターはクリーム状にする。⇒ P.10
・卵は室温にもどし、溶きほぐす。
・天板にクッキングシートを敷く。
・生地を用意する途中で、オーブンを170℃に予熱する。

作り方

1 クリーム状にしたバターが入ったボウルに、グラニュー糖を加え、泡立て器でよくすり混ぜる。溶いた卵を2〜3回に分けて少しずつ加え a 、そのつどよく混ぜる。

2 ふるった粉類を加え、ゴムべらに持ち替えてさっくりと混ぜ、ひとかたまりにする。別のボウルにその半分量を移し、チョコフレークを加え、軽く混ぜる。プレーンな生地、チョコフレークを加えた生地をそれぞれラップで包み、冷蔵庫で20分ほど休ませる。

3 クッキングシートを敷いた天板に、2をスプーンですくい落とし、形をととのえる b 。プレーン生地は中央にマーブルチョコをのせる。170℃に熱したオーブンで15分ほど焼く。

ラッピングのポイント

1個ずつ小さめのOPP袋に入れ、閉じ口をミニシールで止めます。手帳用シールなどを活用すると、かわいい絵柄がいろいろ！

アイスボックスクッキー

サクサクした食感とココアの風味が絶妙。
冷凍庫で生地を冷やしてから焼きます

調理時間	約2時間
日持ちの目安	常温で6～8日
難易度	★★☆ ふつう

材料（作りやすい分量：約100枚分）

【ココア生地】
- 無塩バター ……………… 100g
- グラニュー糖 …………… 90g
- 卵（L） …………………… 1個
- A ┌ 薄力粉 ……………… 230g
  │ ココアパウダー ……… 20g
  └ ベーキングパウダー … 小さじ1/4

【プレーン生地】
- 無塩バター ……………… 100g
- グラニュー糖 …………… 90g
- 卵（L） …………………… 1個
- B ┌ 薄力粉 ……………… 250g
  └ ベーキングパウダー … 小さじ1/4
- 薄力粉（打ち粉） ………… 適量

道具＆下準備

- 基本の道具
- A の粉類は合わせてふるう。B の粉類も合わせてふるう。
- バターはクリーム状にする。⇒ P.10
- 卵は室温にもどし、溶きほぐす。
- 天板にクッキングシートを敷く。
- 生地を冷やしている間に、オーブンを170℃に予熱する。

作り方

1 【ココア生地・プレーン生地共通：ボウルは2つに分ける】クリーム状にしたバターが入ったボウルに、グラニュー糖を加え、泡立て器でよくすり混ぜる。溶いた卵を2～3回に分けて少しずつ加え、そのつどよく混ぜる。

2 【ココア生地】1のボウルひとつに、Aの粉類を加え、ゴムべらでさっくりと混ぜ、ひとかたまりにする。2等分にし、直径3cmの棒状にする。1本の表面にグラニュー糖（分量外）をまぶし a 、ラップで包み、冷凍庫で20分ほど冷やす。
【プレーン生地】1の残ったボウルに、Bの粉類を加え、ゴムべらでさっくりと混ぜ、ひとかたまりにし、2等分にする。

3 【マーブル生地を作る】2のココア生地の残り1本を半分に切り、3のプレーン生地1本分に軽く混ぜてマーブル状にする b 。残りも、同様にマーブル状にする。2本それぞれを直径3cmの棒状にしてラップで包み、冷凍庫で20分ほど冷やす。

4 それぞれを包丁で厚さ7mmほどに切って天板に並べ、170℃のオーブンで15分ほど焼く。

＊生地はそのまま冷凍保存が可能（約1カ月まで）。

ラッピングのポイント

クッキーは湿気らないように、あらかじめOPP袋に入れて、紙袋にイン。袋の左右の脇を押して口を広げ、脇と脇が真ん中で合うように閉じると、テトラポット型になります。閉じ口を折ってパンチで穴をあけ、リボンを飾ります。

Part 3 かんたん焼き菓子

ブラウニー

チョコレートの焼き菓子の代表格。
くるみは空焼きして香ばしさをアップ

調理時間	約1時間
日持ちの目安	常温で2〜3日
難易度	★☆☆ やさしい

材料（20×20cmのスクエア型1台分）

板チョコレート（ミルク）	140g
無塩バター	100g
卵（L）	2個
グラニュー糖	70g

A｛薄力粉	80g
ココアパウダー	20g
ベーキングパウダー	小さじ1
くるみ（無塩）	80g
ラム酒	適宜

道具＆下準備

・基本の道具
・チョコレートは細かく刻む。
・Aの粉類は合わせてふるう。
・卵は室温にもどす。
・天板にクッキングシートを敷く。
・生地を用意する途中で、オーブンを170℃に予熱する。

作り方

1　くるみは140℃に熱したオーブンで10分空焼きする。粗熱が取れたら、手で粗く割っておく。

2　ボウルに刻んだチョコレート、バターを入れ、湯せんにかけて溶かす（P.12）。

3　別のボウルに卵を割りほぐし、グラニュー糖を加え、ハンドミキサーで白くもったりするまで泡立てる。

4　3に2を加え、泡立て器で手早く混ぜる。好みでラム酒を入れる場合、ここで大さじ1を加え混ぜる。

5　4にふるった粉類を加え、ゴムべらでさっくりと混ぜ、1のくるみを加えて a 軽く混ぜる。

6　クッキングシートを敷いた型に流し入れ b 170℃に熱したオーブンで約20分焼く。冷めたら、好みの大きさに切り分ける。

＊あれば、表面中央にチョコペンを少量しぼり、その上に空焼きしたくるみ（分量外）をのせる。

ラッピングのポイント

乾燥しないように、まずラップで包んでから、ワックスペーパーでくるりと包み、リボンをかけます。ブラウニーは大人かわいい色合いのラッピングがおすすめ。

かんたん焼き菓子

マーブルチーズケーキ

チーズのやさしい酸味にチョコ味が好相性。
1個まるごとを大切な人に贈りたい

調理時間	約1時間30分
日持ちの目安	冷蔵庫で2～3日
難易度	★★☆ ふつう

材料（直径13cmの丸型3台分、または直径18cm丸型1台分）

クリームチーズ	200g	レモン汁	大さじ1
グラニュー糖	60g	薄力粉	25g
卵（L）	2個	ココアパウダー	小さじ1/2
生クリーム（35%）	200ml	牛乳	小さじ1

道具＆下準備

- 基本の道具＋焼き型
- クリームチーズは室温でもどし、やわらかくする。
- 薄力粉はふるっておく。
- ココアパウダーは茶こしでふるう。
- 卵は室温にもどし、溶きほぐす。
- 生地を用意する途中で、オーブンを150℃に予熱する。

作り方

1 ボウルにクリームチーズを入れ、なめらかになるまで混ぜる。グラニュー糖、溶き卵、生クリーム、レモン汁、薄力粉を順に加えていく。そのつど、泡立て器でよく混ぜる。

2 別の小さめのボウルに **1** の生地を小さじ2ほどに取り、ココアパウダー、牛乳を加えてよく混ぜる **a**。これをマーブル模様の生地に用いる。

3 **1** の生地を型に流し入れる。**2** のココア生地を何カ所かに落とし、表面を竹串などで大きく混ぜ、マーブル模様を作る **b**。

4 150℃に熱したオーブンで約30分焼く（18cm丸型の場合は約50分）。冷めたら、冷蔵庫で冷やし保存する。

> **ラッピングのポイント**
> ワックスペーパーで上部を覆い、別の大きめに切ったワックスペーパーで底側から包んで、大きめのリボンで結びます。

かんたん焼き菓子

チョコラスク

パンと板チョコだけで本格派の味に！

調理時間	約30分
日持ちの目安	常温で2〜3日
難易度	★☆☆ やさしい

材料（16枚分）
フランスパン（厚さ1cmのもの）
　　　　　　　　　　……16枚
板チョコレート（ミルク）……200g

作り方

1 フランスパンはケーキクーラーにのせ、チョコレートがしみ込みやすいように、しっかり乾燥させる。

2 ボウルに刻んだチョコレートを入れ、湯せんで溶かす(P.12)。

3 **1**のパンの両面に**2**のチョコレートを塗る。クッキングシートを敷いた天板にのせ、120℃に熱したオーブンで15分焼く。

道具＆下準備
・基本の道具＋ケーキクーラー（料理用の網で代用可）
・チョコレートは細かく刻む。⇒ P.12
・天板にクッキングシートを敷く。
・オーブンを120℃に予熱する。

チョコバナナケーキ

バナナ風味の生地がとびきりのおいしさ

調理時間	約1時間
日持ちの目安	常温で2〜3日
難易度	★★☆ ふつう

材料（ミニパウンド型10個）

- 無塩バター ……… 100g
- グラニュー糖 ……… 60g
- 卵(L) ……… 2個
- A [薄力粉 ……… 160g
-   [ベーキングパウダー ……… 小さじ1
- バナナ ……… 2本（正味200g）
- チョコチップ ……… 30g

道具＆下準備

- 基本の道具＋ミニパウンド型
- Aの粉類は合わせてふるう。
- バターは湯せんで溶かす。⇒ P.10
- 卵は室温にもどし、溶きほぐす。
- 生地を用意する途中で、オーブンを170℃に予熱する。

作り方

1 バナナは皮をむき、筋を取って、フォークの背でつぶす。

2 ボウルに溶いた卵を入れ、グラニュー糖を加えて、ハンドミキサーでもったりするまで泡立てる。

3 1のバナナを加えて泡立て器でよく混ぜ、溶かしバターも加えて混ぜる。

4 粉類を加えてゴムべらでさっくりと混ぜ、チョコチップも加えて混ぜる。型に流し入れ、170℃に熱したオーブンで約20分焼く。

かんたん焼き菓子

ホワイトチョコマフィン

クランベリーがアクセントになって
ホワイトチョコのやさしい味が広がります

調理時間	約1時間
日持ちの目安	常温で2～3日
難易度	★★☆ ふつう

材料（ミニマフィンカップ18個）

- A ┌ 薄力粉 ……………………… 180g
-   └ ベーキングパウダー …… 小さじ1/2
- 卵（L）…………………………… 1個
- 牛乳 ……………………………… 60mℓ
- グラニュー糖 …………………… 120g
- 無塩バター ……………………… 120g
- 板チョコレート（ホワイト）… 40g
- ドライクランベリー …………… 60g

道具&下準備

- 基本の道具＋ミニマフィンカップ
- Aの粉類は合わせてふるう。
- バターはクリーム状にする。⇒ P.10
- 卵は室温にもどし、溶きほぐす。
- 生地を用意する途中で、オーブンを170℃に予熱する。

作り方

1 板チョコレートは1cm角に切る。クランベリーはチョコレートの大きさに合わせて切る。

2 クリーム状にしたバターが入っているボウルに、グラニュー糖を2～3回に分けて加え、そのつどよくすり混ぜる。

3 溶いた卵を数回に分けて加え、そのつど泡立て器でよく混ぜる。同様に牛乳も加え、よく混ぜる a 。粉類を加えてゴムべらでさっくりと混ぜ、1のチョコレートとクランベリーを入れ混ぜる b 。

4 型に流し入れ、170℃に熱したオーブンで約20分焼く。

> **ラッピングのポイント**
> まずラップに包み、大きめに切ったワックスペーパーでマフィン型に沿うように包み、ワイヤーで止めます。

ハートのプチショコラケーキ

恋チョコにぴったりの形とデコレ。
ふわふわっの生地も大満足のおいしさ

調理時間	約1時間
日持ちの目安	常温で2〜3日
難易度	★★☆ ふつう

材料（ミニカップ18個分）

- A
  - 薄力粉 ……………………………… 80g
  - ココアパウダー …………………… 20g
- 卵（L） ……………………………… 2個
- はちみつ …………………………… 30g
- グラニュー糖 ……………………… 70g
- 無塩バター ………………………… 100g
- 板チョコレート（ホワイト・ストロベリー）… 各適量

＊板チョコの替わりにチョコペンでのデコもOK。

道具＆下準備

- 基本の道具＋シリコン製ハート型ミニカップ
- Aの粉類は合わせてふるう。
- バターは湯せんで溶かす。⇒ P.10
- 卵は室温にもどす。
- 生地を用意する途中で、オーブンを170℃に予熱する。
- 板チョコレート（ホワイト・ストロベリー）はそれぞれ細かく刻み、溶かす。⇒ P.12

作り方

1 ボウルに卵、はちみつを入れ、溶きほぐす。グラニュー糖を加え、ハンドミキサーで白くもったりするまで泡立てる。ふるった粉類を加え、ゴムべらでさっくりと混ぜ合わせる。

2 粉気がなくなってきたら、1の生地を大さじ2杯ほど溶かしバターに混ぜる a 。こうすると、生地がなじみやすくなる。

3 1のボウルに2を2回に分けて加え、そのつどゴムべらで全体を合わせるように混ぜる。

4 型に流し入れ、170℃に熱したオーブンで約20分焼く。冷めたら、溶かしたチョコレートでデコレーションをする b 。

ラッピングのポイント

1個ずつラップで包み、窓つきの紙袋に入れます。閉じ口にレースペーパーをかけて、パンチで穴を開け、リボンを通して飾ります。

かんたん焼き菓子

チョコのミニマドレーヌ

オレンジピールとチョコがいい相性。
ちょっとしたプレゼントにも喜ばれます

調理時間	約1時間	
日持ちの目安	常温で2～3日	
難易度	★★☆ ふつう	

材料（ミニマドレーヌカップ20個分）

- A
  - 薄力粉 …………………… 90g
  - ココアパウダー …………… 10g
  - ベーキングパウダー ……… 小さじ1/4
- 卵（L）………………………… 2個
- はちみつ ……………………… 10g
- グラニュー糖 ………………… 80g
- 無塩バター …………………… 90g
- オレンジピール ……………… 60g

道具＆下準備

・基本の道具＋ミニマドレーヌカップ
・Aの粉類は合わせてふるう。
・バターは湯せんで溶かす。⇒P.10
・卵は室温にもどす。
・生地を用意する途中で、オーブンを170℃に予熱する。

作り方

1 オレンジピールは6mm角に刻む。

2 ボウルに卵、はちみつを入れ、溶きほぐす。グラニュー糖を加え、ハンドミキサーで白くもったりするまで泡立てる。

3 ふるった粉類を加えてゴムべらでさっくりと混ぜ、溶かしバターも加え混ぜる。最後に1のオレンジピールを入れ、手早く混ぜる。

4 型の8分目まで流し入れ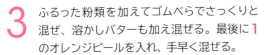、170℃に熱したオーブンで約15分焼く。

> **ラッピングのポイント**
>
> 1個ずつレースペーパーを敷いたOPP袋に入れ、口をテープなどで止めます。ハート型などかわいい形のシールを貼ってワンポイントに。

かんたん焼き菓子

Part 4 冷やすだけスイーツ

ショコラギモーブ

チョコレート味の手作りマシュマロ。
口の中で淡く溶けていく食感が絶品！

調理時間	約2〜3時間
日持ちの目安	冷蔵庫で3〜4日
難易度	★★★ ちょっと難しめ

材料（12×18×高さ3cmのバット1枚分）

- A
  - グラニュー糖 …………… 150g
  - 水あめ ………………… 20g
  - 水 ……………………… 60mℓ
- 卵白（L）………………… 2個分
- 板ゼラチン ……………… 15g
- コーヒーリキュール …… 大さじ1（あればでよい）
- 板チョコレート（ミルク）… 25g
- コーンスターチ ………… 適量

道具＆下準備

- 基本の道具＋バット
- チョコレートは細かく刻む。⇒ P.12
- バットにクッキングシートを敷く。

作り方

1. 板ゼラチンは1枚ずつ冷水に入れ a 、もどす。数枚をいっしょに入れると、もどりが悪くなるので注意する。

2. ボウルに卵白を入れ、ハンドミキサーで泡立てる。

3. 小鍋にAを入れて弱火にかけ、沸騰させて煮詰め（約1分）、シロップを作る。

4. 2の卵白に3のシロップを少しずつ加えながら、ハンドミキサーで泡立て、メレンゲを作る。

5. メレンゲが温かいうちに水けをきった1のゼラチンを加え、溶かす。なめらかになるまでしっかりと泡立て、コーヒーリキュール、刻んだチョコレートを加え混ぜる。

6. クッキングシートを敷いたバットに流し込み、上にコーンスターチをふる b 。ラップをして冷蔵庫で冷やし固める（目安時間1〜2時間）。コーンスターチをまぶしながら食べやすい大きさに切り分けて、できあがり。

ラッピングのポイント

やわらかいので、プラスチック製カップなどしっかりした器に入れます。乾燥しないよう上部をラップで覆ってからワックスペーパーでフタをするように包み、カップの底からリボンをかけて結びます。

ベリーのチョコレートバー

混ぜて冷やすだけで濃厚なチョコバーに。
自慢の手作りスイーツになります

調理時間	約1時間40分
日持ちの目安	冷蔵庫で3〜4日
難易度	★☆☆ やさしい

材料（12×18×高さ3cmのバット1枚分）

- 板チョコレート（ミルク） …… 200g
- 無塩バター …………… 20g
- 生クリーム（35%） …… 50mℓ
- ドライミックスベリー …… 100g
- グラハムクッキー ……… 50g
- ココアパウダー ………… 適量

道具＆下準備

- 基本の道具＋バット
- チョコレートは細かく刻む。⇒ P.12
- バットにクッキングシートを敷く。

作り方

1 ドライミックスベリーは大きいものは8mm角ほどに切る。クッキーは手で粗く割る **a** 。

2 ボウルに刻んだチョコレート、バターを入れ、湯せんで溶かす（P.12）。

3 小鍋に生クリームを入れ、弱火でゆっくり加熱する。小さな泡がふわっと立ち始めたら、2に加え混ぜ、なめらかになるまで溶かす。

4 3に1を加え混ぜ、クッキングシートを敷いたバットに流し入れ、冷蔵庫で冷やし固める（目安時間約1時間）。表面にココアパウダーをふり、食べやすい大きさの棒状に切り分ける **b** 。

ラッピングのポイント

ワックスペーパーで包んでから、好みの包装紙でバーの形に合わせて包みます。閉じ目をテープで止め、小さめのリボンをかけます。

Part 5 大人のスペシャリテ

ビターショコラケーキ

濃厚なチョコ味のスポンジケーキと
クリームが調和して、贅沢な大人味に！

調理時間	約1時間30分
日持ちの目安	冷蔵庫で1〜2日
難易度	★★★ ちょっと難しめ

材料（8個分）

- 卵黄（L）　　　　　　　　　　3個分
- グラニュー糖　　　　　　　　　40g
- 板チョコレート（ビター）　　　25g
- 卵白（L）　　　　　　　　　　3個分
- グラニュー糖　　　　　　　　　30g
- ココアパウダー　　　　　　　　25g
- 生クリーム（35%）　　　　　200㎖
- グラニュー糖　　　　　　　　　20g
- スライスアーモンド　　　　　　適量

＊140℃のオーブンで10分空焼きする。

道具＆下準備

- 基本の道具 + ケーキクーラーなど
- 卵は室温にもどす。
- 板チョコレートは細かく刻み、湯せんで溶かす。
  ⇒ P.12
- ココアパウダーは茶こしでふるう。
- 天板にクッキングシートを敷く。
- 生地を用意する途中で、オーブンを200℃に予熱する。

作り方

1 ボウルに卵黄を入れほぐし、グラニュー糖を加えて泡立て器で白っぽくなるまですり混ぜる。溶かしたチョコレートを加え、よく混ぜる。

2 別のボウルに卵白を入れ、ハンドミキサーで軽く泡立てる。グラニュー糖を小さじ1加え、泡立てる。全体が泡立ったら、残りのグラニュー糖を2回に分けて加え、そのつど泡立てながら、しっかりしたメレンゲを作る **a** 。

3 1に2のメレンゲの1/2量を加え、ゴムべらで混ぜる。ココアパウダーを入れて軽く混ぜ、残りのメレンゲを加え、さっくりと混ぜる。天板に流し入れて、表面を平らにならし、200℃に熱したオーブンで約8分焼く。ケーキクーラーなどの網の上で、かたくしぼった濡れふきんをかけて冷ます。

4 ボウルに生クリームを入れ、グラニュー糖を加えてホイップクリームを作る(P.11)。3のスポンジケーキを16枚に切り分ける（ケーキ8組分）。8個のスポンジケーキの上にホイップクリームを塗り、それぞれ残りのスポンジケーキではさむ **b** 。上にもホイップクリームを塗り、スライスアーモンドを散らす。

ラッピングのポイント

プラスチック製の箱の底に保冷剤を置き、ワックスペーパーを緩衝剤になるように丸め、ラップで包んだケーキを入れます。シールなどで飾ったフタをします。

いちごとチョコのケーキ

定番のいちごケーキをチョコ味にアレンジ。
素朴なスポンジ生地のおいしさも格別

調理時間	約2時間30分
日持ちの目安	冷蔵庫で1～2日
難易度	★★★ ちょっと難しめ

材料（直径16cm×2個分）

【スポンジ生地】
- 卵黄（L） ……………… 3個分
- グラニュー糖 …………… 35g
- 卵白（L） ……………… 3個分
- グラニュー糖 …………… 35g
- 薄力粉 …………………… 90g

A
- 粉糖 ……………………… 5g
- 薄力粉 …………………… 5g

【チョコレートクリーム】
- 生クリーム（35%） ……… 200mℓ
- 板チョコレート（ミルク） … 30g
- いちご …………………… 20粒

道具＆下準備

- 基本の道具
- 卵は室温にもどす。
- 粉類はふるう。
- 板チョコレートは細かく刻む。⇒ P.12
- 天板にクッキングシートを敷く。
- 生地を用意する途中で、オーブンを170℃に予熱する。
- いちごはヘタを取り、タテ半分に切る。

作り方

1 ボウルに卵黄を入れほぐし、グラニュー糖を加え、泡立て器で白っぽくなるまですり混ぜる。

2 別のボウルに卵白を入れ、ハンドミキサーで軽く泡立てる。グラニュー糖を小さじ1加え、泡立てる。全体が泡立ったら、残りのグラニュー糖を2回に分けて加え、そのつど泡立てながら、しっかりしたメレンゲを作る。

3 1に2のメレンゲの1/2量を入れ、ゴムべらで加え混ぜる。残りのメレンゲを加えてさっくりと混ぜ、薄力粉を入れて混ぜる。天板に生地を半量ずつこんもりと丸くのせ a、合わせたAを茶こしで全体にふり、包丁の背などで格子に模様をつける b。170℃に熱したオーブンで約25分焼く。冷めたら、半分の高さでスライスする。

4 小鍋に生クリームを入れ、沸騰直前まで温める（P.13）。ボウルにチョコレートを入れ、生クリームを加える。少しおいてから静かに混ぜ、なめらかに溶けたらそのまま冷ます。冷めたら、泡立て器で軽く泡立てる。下側のスポンジ生地にチョコレートクリームを塗り、半分に切ったいちごをのせ、上側のスポンジ生地ではさむ。

ラッピングのポイント

市販のケーキ用の紙箱に入れます。クリームといちごが生なので、保冷剤も添えましょう。

フランボワーズのチョコタルト

なめらかなチョコの口あたりにうっとり。
フランボワーズの酸味も大人味

調理時間	約3時間30分
日持ちの目安	冷蔵庫で2〜3日
難易度	★★☆ ふつう

材料（直径8cmのタルト型8個分）

板チョコレート（ミルク）	100g
板チョコレート（ビター）	50g
無塩バター	20g
生クリーム（35%）	200mℓ

A	グラハムクッキー	80g
	無塩バター	40g
フランボワーズジャム		30g
ココアパウダー		適量

道具＆下準備

・基本の道具＋タルト型
・チョコレートはそれぞれ細かく刻む。⇒ P.12
・Aのバター（40g）は湯せんで溶かす。⇒ P.10

作り方

1. グラハムクッキーは厚手のビニール袋に入れて細かく砕き、Aの溶かしバターを加え混ぜる。型の底に敷き詰めて、コップの底で押さえてならし a 、冷蔵庫で冷やす（目安時間約20分）。

2. ボウルに刻んだチョコレート2種、バター（20g）を入れ、湯せんにかける（P.12の方法と同じ）。

3. 小鍋に生クリームを入れ、弱火でゆっくりと沸騰直前まで温める(P.13)。2に加え、少しおいてから静かに混ぜ、なめらかに溶かす。

4. 1の型の半量まで3を流し入れ、フランボワーズジャムを全体に散らし b 、上に残りの3を流し入れる。冷蔵庫で冷やし固め（目安時間約2〜3時間）、ココアパウダーをふる。

ラッピングのポイント

ラップをかけてから、紙製の箱や袋に入れます。保冷剤も添えましょう。

大人のスペシャリテ

Part 6 ヨーロッパの伝統菓子

バーチディダーマ

「貴婦人のキス」という名のイタリアのお菓子。
キュートな形＆味がバレンタインにぴったり

調理時間	約2時間
日持ちの目安	常温で3〜4日
難易度	★★☆ ふつう

材料（16個分）

無塩バター	70g
粉糖	40g
薄力粉	120g
アーモンドプードル	50g
板チョコレート（ビター）	10g

道具＆下準備

- 基本の道具
- 粉類はふるう。
- バターはクリーム状にする。⇒ P.10
- 板チョコレートは細かく刻む。⇒ P.12
- 天板にクッキングシートを敷く。
- 生地を用意する途中で、オーブンを180℃に予熱する。

作り方

1 クリーム状にしたバターが入ったボウルに、粉糖を加え、泡立て器で白っぽくなるまですり混ぜる。

2 1に薄力粉、アーモンドプードルを加え、ゴムべらでさっくりと混ぜ合わせ、ひとかたまりにする。2等分にして棒状にし、ラップに包んで冷蔵庫で1時間ほど休ませる。

3 2を32等分に切り（1本を16等分：）、手で丸める。クッキングシートを敷いた天板に並べ、180℃に熱したオーブンで約15分焼く。

4 刻んだチョコレートは湯せんで溶かす（P.12）。冷めた3を2個1組にし、間にチョコレートを薄く塗ってはさむ。

ラッピングのポイント

形がかわいいので、シンプルな袋が好相性。あらかじめOPP袋などに入れて、ワックスペーパーの袋へ。口を折って閉じて、ワンポイントのシールを貼ります。

ヨーロッパの伝統菓子

ラングドシャ

フランス語で「猫の舌」という意味のクッキー。
チョコとストロベリーの2色ではなやかに

調理時間	約1時間30分
日持ちの目安	常温で4～5日
難易度	★★★ ちょっと難しめ

材料（20個分）

- 無塩バター……………………60g
- 粉糖……………………………40g
- 卵白（S）………………… 2個分（50g）
- 粉糖……………………………10g
- 薄力粉…………………………100g
- 板チョコレート（ミルク・ストロベリー）…各20g

道具＆下準備

- ・基本の道具
- ・卵は室温にもどす。
- ・薄力粉はふるう。
- ・バターはクリーム状にする。⇒ P.10
- ・板チョコレートはそれぞれ細かく刻む。⇒ P.12
- ・天板にクッキングシートを敷く。
- ・生地を用意する途中で、オーブンを180℃に予熱する。

作り方

1 クリーム状にしたバターに粉糖を加え、泡立て器で白っぽくなるまですり混ぜる。

2 別のボウルに卵白を入れて泡立て、粉糖を2～3回に分けて加えながらしっかりとしたメレンゲを作る。

3 1に2のメレンゲの1/3量を加え混ぜる。ふるった薄力粉を入れ、ゴムべらでさっくりと混ぜ、残りのメレンゲを加え混ぜる a 。

4 クッキングシートを敷いた天板に、3の生地をスプーンなどで落とし、直径3cmほどに広げる b 。間隔を空けながら40枚作り、180℃に熱したオーブンで約10分焼く。

5 チョコレートはそれぞれ湯せんで溶かす（P.12）。冷めた4を2枚1組にし、間に溶かしたチョコレートを薄く塗ってはさむ。

ラッピングのポイント

OPP袋に入れて閉じ口を両面テープで止めます。口の下にひもを通して、リボン結びにし、小さな手さげ袋に入れて贈ります。

ヨーロッパの伝統菓子

オートミールクッキー

薄めに仕上げてフィンランド風クッキーに

調理時間	約1時間30分
日持ちの目安	常温で6〜8日
難易度	★☆☆ やさしい

材料（20枚分）

無塩バター	100g
グラニュー糖	40g
卵（L）	1個
オートミール	100g
チョコレートチップ	50g
［薄力粉	100g
ベーキングパウダー	小さじ1/4

道具＆下準備

- 基本の道具
- 粉類は合わせてふるう。
- バターはクリーム状にする。⇒ P.10
- 卵は室温にもどし、溶きほぐす。
- 天板にクッキングシートを敷く。
- 生地を用意する途中で、オーブンを180℃に予熱する。

作り方

1. クリーム状にしたバターにグラニュー糖を加え、泡立て器で白っぽくなるまですり混ぜる。

2. 1に溶いた卵を2〜3回に分けて加え、そのつどよく混ぜる。

3. ゴムべらに持ち替え、オートミール、チョコレートチップを加え混ぜる。さらに、ふるった粉類を入れ、さっくりと混ぜ合わせる。

4. 3の生地を20等分して軽く丸め、クッキングシートを敷いた天板の上に間隔を空けてのせ、コップの底などで平らにして厚さをととのえる。180℃に熱したオーブンで約15分焼く。

ショートブレッド

スコットランドのお菓子。和風アレンジも！

調理時間	約1時間30分
日持ちの目安	常温で4〜5日
難易度	★★☆ ふつう

材料（作りやすい分量）

【チョコ味】
- 無塩バター ……………… 100g
- 粉糖 ……………………… 40g
- 薄力粉 …………………… 130g
- 板チョコレート（クランキー）… 40g

【抹茶味】
- 無塩バター ……………… 100g
- 粉糖 ……………………… 40g
- 薄力粉 …………………… 120g
- 抹茶 ……………………… 10g
- 板チョコレート（ホワイト）… 40g

道具＆下準備

・基本の道具
・粉類はふるう。抹茶は茶こしでふるう。
・バターはクリーム状にする。⇒ P.10
・チョコレートはそれぞれ8mm角に切る。
・天板にクッキングシートを敷く。
・生地を用意する途中で、オーブンを160℃に予熱する。

作り方

1 【チョコ味】
クリーム状にしたバターに粉糖を加え、泡立て器で白っぽくなるまですり混ぜる。薄力粉を入れ、ゴムべらでさっくりと混ぜ合わせる。

2 チョコレートを加え混ぜ、練らないようにひとかたまりにし、天板にのせる。1cm厚さに伸ばし、包丁で好みの大きさに切る。160℃に熱したオーブンで約20分焼く。

1 【抹茶味】
クリーム状にしたバターに粉糖を加え、泡立て器で白っぽくなるまですり混ぜる。薄力粉、抹茶を入れ、ゴムべらでさっくりと混ぜ合わせる。

2 チョコレートを加え混ぜ、練らないようにひとかたまりにし、天板にのせる。チョコ味と同様に焼く。

ヨーロッパの伝統菓子

かわいいラッピングのアイデア&コツ

手作りスイーツの仕上げがラッピング。身近なグッズを活用して、
かわいくアレンジしましょう。

箱ラッピング

手持ちの空き箱と、インナーペーパー、シール、リボンなどを組み合わせます。
やわらかく、形がこわれやすいスイーツに向きます。

空き箱にレースペーパーを敷き、箱に細めのリボンをかけてアレンジ。

フタつきの透明ケースは小さなケーキ類を贈るときに便利。底に保冷剤を入れ、ワックスペーパーを緩衝材になるようにクシュクシュとシワをつけ、ケーキ類を入れる。フタにはシールなどを飾って。

袋アレンジ

形が安定した焼き菓子は、紙袋に入れるのが手軽。
ちょっとした小技でおしゃれな雰囲気になります。

中身が見える窓つきの袋は、カラフルなデコレをほどこした焼き菓子などにぴったり。普通の紙袋も、閉じ口にレースペーパーを添え、パンチ穴を空けてリボンを飾ると、とてもキュートに。

お菓子をラップに包み、ワックスペーパーの袋に入れるだけ。あえて無地のシンプルな袋にし、閉じ口の片側を大きめに折り、ワンポイントのシールを貼る。数を作る友チョコに◎。

長方形の紙袋を三角形のテトラポット型に折って(左右の脇を押して口を広げ、脇と脇が真ん中で合うように閉じる)、閉じ口にパンチ穴を空けて、ひもでとめる。コロンとした形がかわいい。

数個を包む

大きさやデコレが違うものを組み合わせるときは、中身が見える透明の袋を使うと、いっそうかわいくまとまります。

チョコレートに合う赤い画用紙をインナーペーパーにして、OPP袋に入れ、閉じ口をミニクリップでとめる。薄めのクッキーなど割れやすいお菓子のラッピングにおすすめ。

チョコ味の違いがわかるようにOPP袋に交互に入れ、閉じ口を両面テープとリボンでとめる。さらに小さい紙袋に入れて贈ると、割れも防げ、渡しやすい。

カップに入れる

やわらかいもの、くずれやすいものは、プラスチックカップに入れるのが安心。中身が見えるように、透明か半透明の袋やペーパーで包みます。

味のバリエーションでカップにわけ、透明の袋に入れて飾りつきのワイヤーで口をとめる。かんたんだけど、大人かわいい印象に。

カップに入れてワックスペーパーで上部を覆い、リボンをかける。リボンをクロスさせた底部分にテープをはると、ラッピングが落ち着く。お菓子の乾燥予防に、ワックスペーパーの下にはラップをかぶせて。

かわいいラッピングのアイデア＆コツ

1個ずつラッピング

ドロップクッキーなど形がさまざまなもの、バータイプのお菓子などは、1個ずつ包むと、形がくずれず安定します。

OPP袋に入れて、閉じ口を好みのシールでとめる。幅広いお菓子に使えるオールマイティなラッピング。

レースペーパーをインナーにしてOPP袋に入れると、かわいいラッピングが手軽にできあがる。袋の上にワンポイントのシールを。

バータイプのお菓子は、細長く切ったワックスペーパーで包み、両端をキャンディの包装のように、くるくるひねるのがぴったり。

短めのバータイプなら、ラップで覆ってから、好みの包装紙で1本ずつ包み、タテ長にリボンを飾るのも、すてき。

切り分けて食べる焼き菓子は、ラップで包んでからワックスペーパーでくるりと包み、リボンをかわいくかけて。ブラウニーなど、定番&シンプルなチョコスイーツに向く。

ワックスペーパーを長方形に切り、スイーツを包んで左右を折り込み、リボンをかける。まとめてワイヤーかごなどに入れて贈ると、特別感がアップ。

ラッピングのためのグッズ

小さな空き箱などは捨てずに取っておくと便利。小物類は、スーパーのお菓子コーナーや100円ショップなどで、かわいいものが見つかる。

レースペーパー

お菓子をのせる紙に使ったり、メッセージカードに代用したりと、いろいろ使える。色を数種類そろえておくと、アレンジの幅が広がる。

シール

閉じ口を止めたり、包装紙のワンポイントに。ハート、クラウンなどの定番柄に加え、手帳用シールなどにもキュートな絵柄が多い。

紙袋

透明の窓つきやワックスペーパー製など、材質と大きさが異なるものが数種類あると、手軽にラッピングできる。

ミニクリップ

閉じ口にとめたり、メッセージカードを添えたり、ワンポイントのアクセントに活躍。

ワイヤー入りの飾り

袋などの口を閉じながら、飾りをつけられる。花や葉っぱなど、バリエーションを用意しておくと便利。

プラスチックカップ

やわらかいお菓子や割れやすいものは、袋でなくカップがおすすめ。透明だと、中身も見えてかわいい。

リボン

チョコレートに合う暖色系のリボンを数種用意したい。細めのものが使い勝手がよい。

スタンプ

お気に入りの模様やメッセージを伝えるスタンプも、手作り感を高めるアイテムになる。

ワックスペーパー

ロウ引きした紙なので耐水性・通気性にすぐれ、お菓子を包むのにぴったり。無地、柄ものなどデザインもいろいろ。

かわいいラッピングのアイデア&コツ

手作りチョコスイーツ
プレゼントスケジュール

お菓子作りには段取りがいろいろ。プレゼントする日にあわてないように、スケジュールを組んでから進めましょう。

10日前 ♥ どのチョコスイーツを贈るのかを決める

友チョコ、本命チョコ、家族チョコなど、贈りたい人の名前を書き出し、それぞれにプレゼントするお菓子を決めます。ラッピング法も一緒に考えておきましょう。

1週間前 ♥ 道具と材料、ラッピンググッズをチェック

贈りたいお菓子を作るための道具、材料、ラッピンググッズを書き出します。家にない道具やラッピンググッズは、買物リストを作って、そろえましょう。スーパーのお菓子コーナーのほか、100円ショップなどでも手軽に購入できるものが見つかります。

2〜3日前 ♥ 材料をそろえる＆レシピをおさらい

事前に買物リストを作り、チョコレート、粉類、生クリームなどチョコスイーツの材料を購入します。レシピをよく読み、頭のなかで手順を追っておくと、お菓子作りがスムーズになり、足りない材料や道具があった場合も、早めに気づきやすいです。

前日 ♥ チョコスイーツを作る！

作り慣れたもの以外なら、前日に作るのが基本。レシピを見ながら、ゆったりした気持ちで作ると、失敗が少なくなり、上手に作れます。

当日 ♥ ラッピングをして贈る

お菓子に合うラッピングをして、手渡しで贈りましょう。気持ちのこもった言葉と笑顔も、おいしいチョコスイーツに彩りを添えます。

矢作 千春 やはぎ ちはる

料理研究家・栄養士。カルチャースクールの料理教室で長年、レッスン企画・運営、初心者向け料理・お菓子教室の講師を務めたあと独立。身近な材料で作るおいしいお菓子・料理に定評があり、料理教室の講師、雑誌や書籍へのレシピ提案、食品会社のレシピ開発など幅広い分野で活躍中。

STAFF
撮影／関口史彦
編集協力／重松久美子

はじめてでも、かんたん！
おいしいチョコスイーツ

2015年1月20日　初版第1刷発行

著　者　　矢作千春
発行者　　河村季里
発行所　　K&Bパブリッシャーズ
　　　　　〒101-0054　東京都千代田区神田錦町2-7 戸田ビル3F
　　　　　電話03-3294-2771　FAX 03-3294-2772
　　　　　E-Mail info@kb-p.co.jp
　　　　　URL http://www.kb-p.co.jp

印刷・製本　加藤文明社

落丁・乱丁本は送料負担でお取り替えいたします。
本書の無断複写・複製・転載を禁じます。
ISBN978-4-902800-47-0　C2077
©Chiharu Yahagi 2015 Printed in Japan